AF299633

CHARLES-QUINT

CHARLES-QUINT.

BIBLIOTHÈQUE DU JEUNE AGE

CHARLES-QUINT

PAR

ÉDOUARD CAT

PROFESSEUR AGRÉGÉ D'HISTOIRE

PARIS

LIBRAIRIE GÉNÉRALE DE VULGARISATION

9, RUE DE VERNEUIL, 9

AVANT-PROPOS

La Bibliothèque de vulgarisation semble répondre à un besoin de notre époque. L'instruction, qui jusqu'ici avait été le privilège de quelques-uns, doit devenir le bien commun à tous : il n'est permis à personne d'ignorer l'histoire, la géographie, les sciences. Mais, pour que ces belles et fortifiantes études soient à la portée des plus pauvres et des plus humbles, il faut des livres, non de ces gros mémoires que lisent, seuls, les savants, ni de ces romans écrits à la hâte pour le seul plaisir des esprits ; il faut des ouvrages, à la fois sérieux et simples, disant en histoire des choses vraies, en science des choses exactes, et d'un langage intelligible pour tous.

Aujourd'hui l'éditeur de cette Bibliothèque s'adresse aux enfants du premier
âge. C'est pour les instruire, pour semer
dans leur jeune et fraîche imagination
quelques saines notions d'histoire, qu'il
fait composer de courtes études sur les
principaux personnages qui ont joué un
rôle dans le monde. Heureux, s'il peut at-
teindre le but rêvé, s'il peut concourir,
pour sa part, à la saine et forte éducation
de ceux qui sont l'avenir et l'espoir de la
France.

CHARLES-QUINT

CHAPITRE PREMIER

La Renaissance et la Réforme. — Naissance de Charles-Quint. — Son administration en Espagne. — Il est élu Empereur.

En 1453, les Musulmans s'emparaient de Constantinople, le constant objet de leurs entreprises depuis deux siècles ; c'était la dernière heure de cet empire grec, resté comme un vieux débris de la grande monarchie romaine ; il tombait, après une lente et longue décadence, après mille luttes obscures et d'interminables querelles de moines. Malgré cette faiblesse, l'empire byzantin avait quelques avantages sur le reste de l'Europe. Tandis que celle-ci était encore à demi barbare, dans celui-là on retrouvait les traditions, les mœurs, la langue, la civilisation des anciens. Constantinople était, comme Alexandrie autrefois, un grand foyer d'études ; on y faisait de la poésie, de la science, des recherches archéologiques. Dans les écoles, on lisait et parlait le grec ; on comprenait Homère et Platon. De grandes bibliothèques conservaient les manuscrits précieux. Enfin, les artistes aussi, architectes, sculpteurs et imagiers, gardaient quelque chose des traditions et des procédés de l'art antique.

Quand vinrent les Barbares, les Musulmans, tout ce monde d'artistes, d'érudits, de prêtres partit pour l'exil ; ils emportèrent avec eux les poèmes, les histoires, les œuvres d'art. Chargés de ces richesses, ils abordèrent en Italie ; ils y vécurent employés par les princes ; ils y ouvrirent des écoles et firent connaître à l'Europe, en les traduisant, les chefs-d'œuvre de cette littérature grecque, la plus riche qui soit.

L'Europe fut charmée : partout les savants voulurent imiter les auteurs anciens ; on les copia dans le style, jusque dans les idées ; on voulut vivre comme ils avaient vécu, et penser comme eux. Chez quelques-uns ce fut une sorte de fureur ; ils ne voulaient employer en latin que les mots et les tournures dont Cicéron avait fait usage ; ils invoquaient Jupiter, Mars, Vénus ; ils parlaient d'ides, de calendes ; ils disputaient sur les doctrines philosophiques comme on faisait à Rome, au temps des Antonins, et ils se disaient Stoïciens ou Épicuriens, du Lycée ou de l'Académie ; même quelques-uns avaient repris le vieux calendrier romain et observaient le repos des Jours Néfastes.

Cette folie de quelques-uns n'était que l'exagération d'une chose excellente en elle-même. Les liens qui rattachent les races modernes au monde ancien étaient resserrés ; et l'histoire reprenait son cours, interrompu un instant par cette période de siècles obscurs qu'on nomme le moyen âge. Peintres et poètes, historiens et savants venaient de retrouver les règles du beau et de faire connaissance avec les modèles les plus parfaits de l'art. Le monde devenait plus riche et plus hardi ; il avait comme du sang nouveau dans les veines : *il renaissait.*

Une invention matérielle vint rendre cette renaissance plus facile, plus prompte, plus générale surtout. Ces manuscrits des anciens, bien peu de savants les pouvaient posséder. Ils étaient rares et chers, mais Gutenberg trouva le moyen de les reproduire, de façon à vendre les copies à bon marché. Il y eut bientôt dans toutes les grandes villes des presses, imprimant des milliers d'exemplaires des œuvres d'Homère et d'Aristote, et la science, qui était autrefois le privilège de quelques-uns, commença à devenir le bien commun à tous.

Ce grand mouvement des esprits, ce retour à l'étude des œuvres antiques eurent une profonde influence sur les idées religieuses. Jusque-là, le monde chrétien avait vécu engourdi sous la domination de la foi ; l'Église dictait les croyances et les formules, et si quelques rares esprits avaient voulu raisonner ces croyances, les persécutions et la mort les avaient réduits au silence. Quant à la foule obéissante et crédule, elle écoutait le prêtre, émanation de Dieu. Mais aujourd'hui qu'on voit des hommes comme les anciens vivre avec une religion toute différente de la religion chrétienne, et ne montrer ni moins de sagesse ni moins de vertu que des chrétiens, on s'étonne d'abord, puis on cherche des explications, on raisonne sa foi. — Les érudits, après avoir critiqué les textes sacrés au point de vue de la langue, les critiquèrent au point de vue des idées ; ils raisonnèrent sur la Bible, le Nouveau Testament, les Évangiles ; il virent là d'autres choses que celles qu'ils avaient crues autrefois. Ils voulurent des réformes ; ce monde renaissant devait rompre avec le moyen âge, et ainsi se rattachent le grand mouvement des espritts et le mouvement religieux, la *Renaissance* et la *Réforme*.

Un autre grand événement marque cette période. Un Génois, Christophe Colomb, cherchant par l'ouest une route vers les Indes, avait trouvé un monde nouveau. L'étendue de la terre connue se trouvait ainsi presque doublée ; les idées sur la forme de notre planète et sur la nature elle-même furent changées complètement, et un grand mouvement fut déterminé qui fut tout à l'avantage des peuples placés à l'occident de l'Europe. La vie se retire peu à peu des rives méditerranéennes pour se porter sur les bords de l'océan Atlantique, en face de la lointaine Amérique. L'Espagne, puis la France et l'Angleterre grandissent ; des vaisseaux sortent des ports, chargés d'aventuriers, et d'immenses empires sont conquis en quelques jours.

C'est dans cette époque qui vit tant de grandes choses, c'est parmi des milliers de grands hommes que se dessine l'étonnante figure de Charles-Quint.

Charles naquit à Gand, le 24 février 1500. Par son père Philippe le Beau, il se rattachait à la famille impériale ; par sa mère Isabelle, fille de Ferdinand roi d'Aragon et d'Isabelle reine de Castille, il pouvait prétendre à l'héritage de ces deux couronnes. Nul dans l'enfant qui venait de naître ne pouvait prévoir un puissant monarque pour l'avenir ; il semblait seulement destiné à régner un jour sur les Pays-Bas, et ce furent des événements imprévus qui accumulèrent plus tard sur sa tête les royaumes et les États.

On donna au jeune prince pour précepteur

Adrien d'Utrecht et pour gouverneur Guillaume de Croy, seigneur de Chièvres. Le premier était un savant, très versé dans la théologie, froid et pédant ; le second était un gentilhomme accompli, habile dans les exercices militaires et versé aussi dans les choses politiques. Le jeune Charles s'attacha surtout à ce dernier ; il brilla dans les jeux et les tournois, et la foule applaudissait à la mâle dextérité avec laquelle il savait manier un cheval et porter la lance. Avec sa figure maigre et pâle, avec son corps frêle, il ne manquait pas d'une certaine élégance, et tout le monde lui trouvait comme un air de ressemblance avec son vaillant aïeul le Téméraire.

A quinze ans, Charles prit le gouvernement des Pays-Bas (en 1515) ; il garda près de lui le seigneur de Chièvres comme conseiller et premier ministre, et il continua sous lui ses études d'histoire et d'administration. Il avait dès lors, et malgré sa jeunesse, une habitude de gravité et de recueillement qui étonnait ; mais son esprit ne paraissait ni vaste, ni ferme, et les ouvertures de son caractère n'indiquaient pas cette supériorité qui se manifesta dans un âge plus avancé.

Sur ces entrefaites, Ferdinand, roi de Castille et d'Aragon, son grand-père, était mort, lui laissant les couronnes d'Espagne, avec le cardinal Ximénès pour régent. Grâce à l'habileté et à la vigueur de ce dernier, l'Espagne fut tranquille

pendant toute une année ; les nobles, qui reven-
diquaient l'indépendance, furent abaissés, et le
roi Charles fut reconnu en Castille ; en Aragon,
on ne voulut lui donner que le titre de prince. Le
jeune roi, en ces circonstances, commit plus
d'une faute ; il resta dans les Flandres, alors que
les fiers Espagnols ne détestent rien tant que
d'être gouvernés par des étrangers ; il remplit les
administrations de Flamands pleins de morgue
et de fierté ; il laissa de Chièvres satisfaire son
avarice. Les trésors d'Espagne passèrent dans les
Pays-Bas ; tout fut vénal à la cour de Charles, tout
fut livré au plus offrant. Les Espagnols ne purent
voir sans indignation les places les plus impor-
tantes publiquement exposées en vente par des
étrangers qui n'étaient intéressés ni au bonheur,
ni à la gloire de l'Espagne. Ximénès, qui avait
dans toute son administration montré le désin-
téressement le plus pur, s'éleva avec une grande
liberté contre la corruption des Flamands. Il
représenta vivement au roi les murmures et
l'indignation que leur conduite excitait parmi
un peuple libre et fier, et le supplia en même
temps de partir sans délai pour l'Espagne afin
de dissiper par sa présence l'orage qui se for-
mait sur le royaume.

Après avoir terminé certains différends avec
le roi de France, par le traité de Noyon (1516),
Charles arriva en ses nouveaux royaumes. Les

Flamands avaient en vain tenté tous les efforts
pour le retenir parmi eux; il sentait trop bien
quelle grave faute il avait commise, en ne venant
pas plus tôt prendre possession de son riche
héritage. Il vint, mais entouré de ses ministres
et de ses favoris, que les Espagnols détestaient;
il prêtait l'oreille à leurs calomnies contre l'illustre Ximénès; il s'aveuglait sur les dispositions
de ses sujets. Ximénès, malgré son grand âge
et ses infirmités, avait voulu venir au-devant du
jeune roi; en route, il tomba subitement malade; quelques jours plus tard, il reçut une
lettre de Charles, qui, après quelques froides ex-
pressions d'estime, lui permettait de se retirer
d'une vie si laborieuse. Ce fut pour le grand ministre un coup mortel, car il expira quelques
heures après.

Tandis que Ximénès avait vécu, les Espagnols
étaient demeurés calmes et soumis, les Flamands
avaient dû parfois borner leurs convoitises et
cacher leurs trafics. Lui mort, la désorganisa-
tion fut partout : de Chièvres et les siens, devenus
tout-puissants, firent tout ce qui leur plut; ils
s'emparèrent des revenus de la couronne, ven-
dirent les charges et les honneurs, et firent du
royaume comme leur bien personnel (1). La ré-

(1) Ce ne sont pas seulement les historiens espagnols
qui parlent de la rapacité des Flamands, Pierre Martyr

volte s'organisa dans l'ombre, les communes de Castille et d'Aragon se plaignirent d'abord, firent une opposition sourde aux désirs et aux volontés du roi, puis enfin formèrent une grande ligue pour la défense de leurs droits et privilèges. Il se préparait ainsi une révolution qui allait menacer la puissance royale et bouleverser l'Espagne; mais Charles n'entendait et ne voyait rien de ce côté.

Maximilien, empereur d'Allemage, venait de mourir; plusieurs princes, en Europe, convoitaient son héritage, et bien des noms illustres ou obscurs étaient mis en avant; Charles prétendit aussi au titre d'empereur. Son plus puissant compétiteur était le roi François Ier. Illustré par de récentes victoires, brillant de jeunesse, de bravoure et d'esprit, ce dernier avait ébloui et gagné bien des princes d'Allemagne; la riche France lui fournissait tout l'argent nécessaire pour soutenir sa candidature ; il avait une belle armée, et plus d'un électeur eût donné volontiers sa voix à un monarque qui pourrait, en devenant l'héritier de tous les États de Charlemagne, faire revivre le grand empire. François Ier disait lui-même, dans les instructions données à ses

d'Anghièra, Italien, qui vécut en Espagne à cette époque, rapporte qu'ils transportèrent d'Espagne en Flandre onze cent mille ducats.

agents : « Content de ce qu'il a plu à Dieu de lui
» donner, le roi très chrétien, qui n'est mû par
» aucun motif d'intérêt ni d'ambition, n'aurait
» point visé à l'empire, qu'il sait lui devoir plus
» coûter et peser que profiter, s'il n'y avait
» point été invité par ceux qui demandent à
» être défendus et si son grand désir d'être
» utile à la Chrétienté ne l'y avait décidé. Il est
» jeune et à la fleur de son âge, libéral, magna-
» nime, aimant les armes, expérimenté et habile
» à la guerre, ayant de bons capitaines, un gros
» royaume, plusieurs pays, terres et seigneuries
» riches et puissantes où il est aimé et obéi tel-
» lement qu'il en tire ce qu'il veut ; il a un
» grand nombre de gens d'armes qu'il tient con-
» tinuellement à sa solde et qui sont aussi vail-
» lants que nuls autres de la Chrétienté, beau-
» coup d'artillerie montée et d'aussi bons ca-
» nonniers qu'on puisse trouver ; des ports et
» des hâvres en son royaume et dans ses autres
» pays, tant sur la mer Méditerranée que sur
» l'Océan, avec navires, galères, carraques, etc.,
» équipés et armés. Il a bonne paix et amitié
» avec tous ses voisins, en sorte qu'il pourra
» employer au service de Dieu et de la Foi toute
» sa personne et tout son avoir, sans que nul
» ne le détourne et que rien ne l'en empêche. »
François Ier n'avait rien négligé pour réussir ;
il avait dépensé des sommes considérables : il

PHILIPPE II.

2

avait promis plus encore ; il avait fait des mer-
veilles de diplomatie, il semblait devoir réussir.
Charles ne recula point devant ce rival puissant;
il employa les mêmes moyens que lui, il sema
l'argent à pleines mains, il montra sa puissance, il promit des évêchés, des faveurs, des
places. Ses agents, comme ceux de François Ier,
se répandirent par toute l'Allemagne pour lui
recruter des voix. Il se fit un mouvement dans
l'opinion des princes : ils jugèrent François Ier
trop autoritaire et trop puissant, et ils craigni-
rent pour leur indépendance. Charles fut enfin
élu et proclamé solennellement empereur sous
le nom de Charles V, ou Charles-Quint. Ainsi,
l'héritier de la maison de Bourgogne, des mai-
sons d'Aragon et de Castille, le possesseur du
Nouveau-Monde portait aussi la couronne impériale. Son empire était plus vaste et plus riche
que celui de Charlemagne lui-même. Les grands
desseins et les gigantesques entreprises lui sont
désormais permis.

CHAPITRE II

Lutte contre la France et contre les Barbaresques.

Jusqu'alors, le roi de France et Charles avaient cherché à être en paix. L'élection à l'empire fut entre eux le signal d'une lutte acharnée qui devait durer un demi-siècle. Les causes de guerre ne manquaient pas ; Charles-Quint pouvait réclamer l'héritage des ducs de Bourgogne, dont François Ier détenait une notable partie ; François Ier, d'autre part, réclamait pour la famille d'Albret le royaume de Navarre, que Charles ne voulait rendre à aucun prix. En Italie, il y avait entre les deux souverains une opposition absolue d'intérêts ; le roi de France occupait l'Italie du Nord, tandis que l'Empire dominait dans l'Italie du Sud : or, ces deux rivaux ne se sentaient point tranquilles en ces possessions s'ils ne dépossédaient leur voisin ; Charles pouvait à tout instant marcher du royaume de Naples contre les pays soumis à la France, tandis que des plaines de la Lombardie François Ier pouvait facilement s'ouvrir le chemin vers le royaume de Naples.

Malgré ces causes nombreuses d'une rupture, elle n'eut pas lieu aussitôt. Les deux adversaires négociaient comme s'ils n'eussent pas voulu rompre ; ils s'épiaient et s'observaient ; dans l'ombre, chacun se préparait de son côté ; chacun cherchait des alliés dans les princes voisins, pour susciter à son ennemi le plus d'embarras. Deux alliances surtout furent recherchées à la fois par l'empereur et par le roi de France, l'alliance avec le pape et celle avec le roi d'Angleterre.

Le pape, par son titre pontifical et plus encore par la situation de ses Etats, pouvait, en quelque sorte, donner l'Italie à celui qu'il aurait pour allié ; il pouvait jeter des troupes soit dans le royaume de Naples, soit dans le Milanais et inquiéter ainsi l'un des deux adversaires. Léon X s'était d'abord montré favorable à François Ier ; il avait même travaillé à lui faire donner la couronne impériale. Mais Charles-Quint le gagna par de belles promesses et par des présents ; et le pape, politique mobile et fourbe, fut tout à la dévotion de l'empereur : et pendant qu'il travaillait pour ce dernier, il ne s'en disait pas moins l'ami sincère et bien dévoué du roi de France, contre qui il préparait ses soldats.

Plus importante était l'alliance de l'Angleterre. Les rois de ce pays avaient encore un pied-à-terre en France, la ville de Calais et les châteaux d'Ardres et de Guines. De là, suivant leur bon plaisir, ils pouvaient se jeter sur les riches plaines de la Flandre, appartenant à l'empereur, ou sur celles de la Picardie, qui leur ouvraient une route vers le cœur de la France. On juge par là quel intérêt avaient les deux compétiteurs à l'avoir pour ami ; comme Henri VIII l'avait écrit sur sa devise, et comme il le disait souvent en ses lettres, *qui il voulait servir était maître.* François Ier l'avait eu le premier pour allié ; il lui payait un fort subside tous les ans, car le roi avait l'âme fort intéressée ; il payait une pension au cardinal Wolsey, qui dirigeait toutes les affaires, et même il lui promettait la tiare. Charles-Quint donna à Henri VIII un subside plus fort ; il donna une plus grosse pension à Wolsey, et lui montra qu'il était plus capable que François Ier de le faire devenir Souverain Pontife. Enfin, il rappela au roi d'Angleterre les prétentions qu'il pouvait élever sur certaines provinces de la France. Henri VIII fut gagné ; Charles-Quint vint ensuite visiter, avec une faible suite et un modeste appareil, son bon oncle le roi d'Angleterre ; les deux princes vécurent quelques jours dans l'intimité et jetèrent les bases d'un traité d'alliance. François Ier, cependant,

avait voulu affermir son amitié avec Henri VIII
et lui avait demandé une entrevue ; elle eut lieu
dans une plaine entre Guines et Ardres, qu'on
appela depuis le *Camp du drap d'or* à cause de la
magnificence qui y fut déployée. Les gentilshommes de François Ier, pour figurer dans cette
entrevue, avaient vendu leurs forêts, leurs
moulins, leurs prés, qu'ils portaient, selon
l'expression de Du Bellay, sur leurs épaules.
Mais cette magnificence éveilla la jalousie de
Henri VIII ; le cérémonial et la solennité éloi-
gnèrent toute démonstration amicale. Le roi
d'Angleterre repartit, faisant bonne figure à son
hôte et lui donnant de vagues promesses, tandis
qu'il songeait à tenir celles toutes contraires
faites à Charles-Quint.

Voyons, maintenant, quelles étaient les forces
respectives des deux adversaires. Charles-Quint
régnait sur un empire des plus étendus et des plus
riches ; mais quelques-uns de ses sujets étaient
prêts à la révolte ; en Espagne, il y avait les gens
des communes, les *communeros ;* dans l'empire,
il y avait les princes qui embrassaient la cause
de Luther. Il avait les richesses incalculables
du Nouveau-Monde ; mais les galions pouvaient
être pris par l'ennemi ou périr dans quelque
tempête, et, quand ils étaient seulement en
retard, le puissant empereur était dans le dé-
nûment. François Ier, avec de moins grands

Etats, avait peut-être une force plus réelle; ses peuples lui étaient soumis, comme ils ne furent à nul roi, et il savait toujours, lorsqu'il en avait besoin, trouver chez ses fidèles sujets des hommes et de l'argent. Son infanterie était moins solide que les vieilles bandes espagnoles, mais sa cavalerie était plus belle qu'aucune autre en Europe, et les artilleurs de France, dans les précédentes guerres d'Italie, avaient fait merveille. C'était donc avec des chances presque égales que l'empereur et le roi allaient combattre; mais le premier était plus tenace en ses desseins, plus ferme en ses entreprises, plus souple dans les négociations, plus fourbe et plus astucieux que son rival. François Ier, surtout dans la première partie de son règne, fut trop chevaleresque; on pourrait dire de lui, comme on avait dit d'un de ses ancêtres, qu'il jouait gaiement son royaume.

Il commença la guerre d'une façon indirecte; Lesparre fut envoyé au nom de la famille d'Albret pour reprendre la Navarre à l'empereur, tandis que Robert de la Marck, petit prince des Ardennes soutenu par François Ier, envoyait un défi à Charles-Quint et envahissait le territoire de quelques-uns de ses vassaux. L'occasion semblait favorable; l'empereur était menacé de tous côtés dans ses Etats; l'insurrection des communes de Castille lui créait de graves embarras, tandis que l'Allemagne s'agitait en écoutant les ardentes paroles de Luther. Les armes françaises furent d'abord heureuses. Toutes les villes de Navarre ouvrirent leurs portes, et la population accueillit ses anciens maîtres avec enthousiasme. Charles-Quint, en apprenant ces événements à Worms, montra une sorte de joie et dit, non sans une ambitieuse confiance : « Dieu soit loué de ce » que ce n'est pas moi qui commence la guerre » et de ce que le roi de France veut me faire plus » grand que je ne suis ! Car, en peu de temps, je » serai un bien pauvre empereur, ou il sera un » pauvre roi de France. » Paroles que ne devaient pas justifier les événements, mais qui montrent quel acharnement les deux souverains allaient apporter dans cette lutte.

Les affaires de l'empereur parurent bientôt prendre une tournure meilleure; les *communeros* avaient été écrasés, et leurs principaux chefs décapités. La Navarre avait été reconquise par ses soldats, et lui-même, avec une forte armée, allait tenter une invasion en France. C'est alors que Henri VIII et le cardinal Wolsey semblèrent, dans les conférences de Calais, vouloir ramener la paix; ces conférences étaient un leurre, le roi d'Angleterre ne cherchait qu'un prétexte pour se déclarer ouvertement l'allié de Charles-Quint. Il le fit bientôt; le pape se déclara aussi contre François I⁰ʳ; pour comble de malheur, le Milanais se souleva contre l'avide et tyrannique Lautrec; celui-ci fut partout battu, et nous ne conservâmes au delà des Alpes que quelques châteaux-forts et petites villes. La situation de la France était grave; elle n'avait nul allié en Europe; elle allait avoir à combattre les trois plus puissants souverains qu'il y eût; ses frontières étaient partout menacées.

Nous ne pouvons, dans cette courte biographie, raconter avec détails le grand duel de vingt-cinq années qui eut lieu entre la France et l'Espagne; nous ne pouvons davantage dire les péripéties de la lutte entre le roi catholique et l'Allemagne protestante. Il nous suffira d'en tracer les grandes lignes et de montrer, par quelques faits choisis dans cette histoire, quel fut le rôle personnel de Charles-Quint.

Dans les premières années de son règne, comme empereur, on le vit rarement paraître sur les champs de bataille, non qu'il manquât de bravoure, il était dans une affaire aussi calme et intrépide que les plus vieux guerriers du temps; mais il se défiait de la fortune et ne se souciait pas de se montrer en concurrence avec François Ier, alors dans tout l'éclat de sa gloire. Il laissait ce soin à des généraux qu'il savait habilement choisir, et ce furent eux qui à Pavie, en 1525, remportèrent la victoire et lui

..ivrèrent prisonnier le chevaleresque roi de France.

C'est dans la conduite qu'il tint à cette occasion que se montre bien son caractère, grave, froid, plein d'astuce. Il défendit à ses sujets de faire trop de réjouissances, parce qu'il savait comme la destinée était mobile et qu'il ne voulait pas qu'on se réjouît de l'infortune d'un roi, même quand ce roi était son ennemi. Mais il se plut ensuite à humilier François Ier dans sa prison ; il le garda étroitement, il lui parla avec froideur, alors qu'il accueillait avec de grandes démonstrations de respect le traître connétable de Bourbon. Au lieu de délivrer son prisonnier, et d'acquérir par là sa loyale et sincère amitié, son alliance pour toujours, il profita de sa tristesse et de ses heures de découragement, il le força à signer un traité odieux par lequel il abandonnait toutes les prétentions sur l'Italie et cédait la Bourgogne à l'empire. François Ier signa, mais avec l'intention de ne pas tenir ces promesses arrachées par la force ; puis, en secret devant quelques-uns de ses familiers, il protesta contre la violence dont il était victime (Traité de Madrid, 1526). Une fois qu'il eut mis le pied sur la terre de France, il se retrouva roi et prépara avec rage la guerre contre le rival qui l'avait mortellement offensé.

Au lendemain de la bataille de Pavie, l'empereur avait paru tout-puissant. Avec ses immenses États, ses richesses, son prestige, il semblait le dictateur de l'Europe. Tous les souverains s'alarmèrent d'une grandeur qui les menaçait, et François Ier trouva partout des alliés. Avec de l'argent et des promesses il ramena à lui le mobile roi d'Angleterre. Le Milanais, qui était horriblement foulé par les troupes impériales, était favorable aux entreprises du roi de France ; il en était de même des Vénitiens et du pape Clément. Tous ensemble, ils formèrent une ligue, qu'on nomma la *Sainte Ligue*, parce que le Souverain Pontife en était le chef.

Après divers incidents, Bourbon, qui était au service de Charles-Quint, marcha sur Rome, suivi de bandes mercenaires levées en Allemagne. Pour satisfaire leur cupidité, il dut faire le siège de la Ville Éternelle, mais il fut tué au début de l'attaque. Les soldats, criant sang et vengeance, pillèrent la grande cité et, huguenots, firent le pape prisonnier. L'indignation fut générale en Europe ; on maudit l'empereur, qui avait permis ces excès et qui gardait durement le pape. Pour affaiblir le mécontentement des Espagnols, Charles-Quint déclara qu'il n'avait aucune part au sac de Rome ; il écrivit à tous les princes, ses alliés, pour leur dire qu'il n'avait point connu les intentions de Bourbon ; il prit le deuil, le fit prendre à toute sa cour et, par une hypocrisie qui ne trompa personne, il ordonna des prières et des processions dans toute l'Espagne pour obtenir du Ciel la liberté du pape, qu'il pouvait lui faire rendre sur-le-champ par un ordre expédié à ses généraux (1527).

En 1529, la guerre fut plutôt suspendue que terminée par le traité de Cambrai. François Ier, abandonnant l'Italie à l'empereur, sacrifiait ses alliés pour recouvrer la liberté de ses enfants. Charles-Quint avait besoin de cette trêve pour porter d'un autre côté ses soins et ses efforts. L'Allemagne s'agitait de plus en plus ; bouleversée d'abord par les révoltes des paysans de Saxe et de Thuringe, elle se levait aujourd'hui à la voix du réformateur Martin Luther. Elle mettait dans cette tentative religieuse toute son âme ; des évêques et des prêtres se déclaraient pour elle, et des princes lui prêtaient l'appui de leurs soldats. Charles-Quint n'avait prêté d'abord qu'une oreille distraite à tout ce qu'on lui disait sur ce grand mouvement ; même il avait paru, par sa conduite envers le pape, encourager les novateurs ; mais il s'aperçut bien vite que la religion n'était pas seule en cause ; profitant de son éloignement, bien des grands vassaux de l'empire avaient étendu leur pouvoir aux dépens des droits et des prérogatives du souverain. Il voulut arrêter ces tendances et empêcher entre les seigneurs une ligue qui aurait la religion pour prétexte, l'autorité politique pour but véritable. Il vint à Augsbourg tenir la diète de l'empire; on ne traita que la question du protestantisme et, après de longs efforts pour concilier la doctrine nouvelle avec celle de Rome, l'empereur obtint de la majorité des membres une décision qui punissait les protestants et ceux qui les soutenaient de peines très sévères.

Les partisans de Luther alarmés formèrent une ligue à Smalkade (1530) : tous les Etats protestants de l'empire s'unissent contre tout agresseur pour ne former qu'un seul corps et, commençant à se considérer sous cet aspect, décident de s'adresser aux rois de France et d'Angleterre et d'implorer leur secours et leur appui en faveur de la nouvelle confédération. Ils ne purent cependant empêcher Ferdinand, frère de Charles-Quint, d'être élu roi des Romains, c'est-à-dire héritier présomptif de l'empire; ils avaient vu clairement que le projet de l'empereur était de rendre la couronne impériale héréditaire dans sa famille et d'établir, par là, en Allemagne, une autorité absolue que des princes électifs ne sauraient jamais avoir. A cette nouvelle menace, ils s'allièrent secrètement au roi de France, heureux de fomenter les troubles dans les Etats de son ennemi, et avec le roi d'Angleterre.

Pendant que la ligue de Smalkade se fortifiait, l'empereur semblait uniquement occupé de combattre les Infidèles ; à la tête d'une belle armée, — il commandait pour la première fois en personne, — il s'était avancé jusqu'à Vienne, et Soliman qui menaçait cette ville avec cent mille Turcs avait reculé. Un peu plus tard, en 1535, il entreprit une grande expédition contre les pirates d'Afrique. Barberousse ou Khair-Eddin, le grand amiral qu'on jugeait digne d'être opposé à André Doria, avait hérité de son frère aîné de la régence d'Alger ; il voulut y joindre celle de Tunis, où Muley-Assan avait le pouvoir. Il détrôna sans peine celui-ci et fut maître d'une grande partie de l'Afrique du Nord. Muley-Assan implora le secours de Charles-Quint, pour reconquérir son royaume. L'empereur fut heureux de paraître secourir un prince malheureux et venger la Chrétienté des déprédations commises par les corsaires. Il rassembla toutes les forces de ses Etats pour une entreprise où il y allait de sa gloire et qui fixait l'attention de toute l'Europe. Une flotte hollandaise amena un corps d'infanterie allemande, les galères de Naples et de Sicile prirent à leur bord les vieilles bandes espagnoles et italiennes. L'empereur s'embarqua à Barcelone avec l'élite de sa noblesse. Le pape fournit tous les secours qui furent en son pouvoir pour concourir au succès de cette pieuse entreprise, et l'ordre de Malte, éternel ennemi des Infidèles, équipa aussi une flotte peu nombreuse, mais redoutable par la valeur des chevaliers qu'elle portait. Cagliari, en Sardaigne, fut désigné pour le rendez-vous général, et André Doria fut nommé grand amiral de cette flotte, qui comptait cinq cents navires ; trente mille hommes de troupes devaient combattre sous le commandement du marquis del Vasto.

Barberousse ne fut point pris au dépourvu; il avait réuni tous ses moyens de défense et une formidable artillerie au fort de la Goulette, qui commande Tunis, et il avait fait appel au zèle fanatique de tous les Musulmans, à qui il représentait Muley-Assan comme un renégat. La Goulette fut emportée d'assaut, une armée de cinquante mille hommes fut battue en rase campagne, malgré les efforts de Barberousse pour animer ses soldats, et dix mille esclaves chrétiens, gardés dans Tunis, brisèrent leurs fers et portèrent à l'empereur les clefs de la ville. L'armée impériale y commit des horreurs que l'histoire se refuse à décrire ; trente mille Musulmans périrent, et Muley-Assan fut replacé sur son trône couvert de sang, tandis que Barberousse fuyait vers les déserts. Des stipulations avantageuses aux chrétiens et à l'Espagne furent faites avec le bey, rétabli en son pouvoir, et la flotte revint en Europe. « Cette expédition, dit

» Robertson, dont il paraît que les contempo-
» rains mesurèrent plutôt le mérite sur la géné-
» rosité apparente de l'entreprise, sur la magni-
» ficence avec laquelle elle fut conduite, et sur
» le succès qui la couronna, que sur l'impor-
» tance des suites qu'elle eut, éleva l'empereur
» au comble de la gloire et fit de cette époque la
» plus éclatante de toutes celles de son règne.
» Vingt mille esclaves, qu'il arracha à la captivité
» tant par ses armes que par le traité avec Muley-
» Assan, et à qui il fournit des habits et de l'ar-
» gent pour les mettre en état de retourner chacun
» dans leur patrie, publièrent dans toute l'Europe
» les éloges de la générosité de leur bienfaiteur
» et exaltèrent sa puissance et ses talents avec
» l'exagération naturelle aux sentiments de la re-
» connaissance et de l'admiration. La renommée
» de Charles éclipsa alors celle des autres monar-
» ques de l'Europe ; tandis que tous ces princes
» ne s'occupaient que d'eux-mêmes et de leurs
» intérêts particuliers, il se montra digne d'oc-
» cuper le rang de premier prince de la Chré-
» tienté en paraissant ne songer qu'à défendre
» l'honneur du nom chrétien et à assurer le
» le bien-être et la tranquillité de l'Europe (1). »
Charles-Quint avait été ainsi détourné de ce

(1) Robertson : Histoire du règne de l'empereur Charles-
Quint, fin du chapitre v.

MARTIN LUTHER.

qui fut la grande œuvre de toute sa vie, la lutte contre François Ier ; il la reprit en 1536, et, dans une conférence où étaient le pape, des cardinaux, des princes et les ambassadeurs du roi de France, il parla ainsi à ces derniers, et d'une voix irritée. Après avoir énuméré tous ses griefs :

« Cependant, ne prodiguons pas le sang de nos sujets innocents ; décidons notre querelle d'homme à homme, avec les armes qu'il jugera à propos de choisir et à nos risques et périls, dans une île, sur un pont, ou à bord d'une galère amarrée sur une rivière ; que le duché de Bourgogne soit mis en dépôt de sa part et celui de Milan de la mienne, et qu'ils soient le prix du vainqueur ; unissons ensuite les forces de l'Allemagne, de l'Espagne et de la France pour abaisser la puissance ottomane et pour extirper l'hérésie du sein de la Chrétienté. Mais si François refuse de terminer tous nos différends par cette voie, s'il rend la guerre inévitable, rien alors ne pourra m'empêcher de la pousser jusqu'à ce qu'un de nous deux soit réduit à n'être que le plus pauvre gentilhomme de ses Etats, et je ne crains pas que ce soit à moi que ce malheur arrive. J'entre en lice avec les plus belles espérances de succès : la justice de ma cause, l'union de mes sujets, le nombre et la valeur de mes troupes, l'expérience et la fidélité de mes généraux, tout se réunit pour m'assurer la victoire. Le roi de France n'a aucun de ces avantages ; et si mes ressources n'étaient pas plus solides et mes espérances de vaincre n'étaient pas plus fondées que les siennes, j'irais dans l'instant, les bras liés, la corde au cou, me jeter à ses pieds et implorer sa pitié (1). »

Charles-Quint était alors à l'apogée de sa gloire et de sa puissance ; il avait presque partout vaincu ses ennemis ; lui-même avait acquis une réputation de grand capitaine : poètes et historiens chantaient à l'envi sa grandeur ; lui, l'homme calme et froid, fut ébloui. Cette guerre, qu'il annonçait terrible et où il allait de confiance, il la prépara avec un soin extraordinaire, il fit de plus grandes levées que jamais ; il rêva d'envahir les provinces méridionales de France. Ce devait être là le premier signal de ses revers.

Vainqueur en Italie, il donna l'ordre de marcher sur la Provence ; en vain ses meilleurs géraux le supplièrent d'abandonner ce projet, en vain ils lui en démontrèrent les insurmontables difficultés. N'était-il pas le plus habile capitaine du siècle? Il était infatué de ses succès, confiant en son génie. Il emmenait avec lui l'historien Paul Jove pour écrire le récit de ses victoires, et lui disait de bien tailler sa plume, car il lui donnerait de la besogne.

(1) Sandoval : *Histoire de l'empereur Charles-Quint*, en espagnol.

L'empereur entra en France par la route qui suit le bord de la Méditerranée. Peut-être eût-il été facile de l'arrêter dans ce pays accidenté? Mais on recourut à un moyen plus sûr encore. On dévasta toute la Provence, on brûla les villages et les bourgs, on coupa les arbres, on démolit les fours, et du Rhône aux Alpes, de la Durance à la mer, il y eut comme un grand désert, tandis que dans l'angle formé par la Durance et le Rhône l'armée française s'était campée comme dans une forteresse. Arles, Marseille et Toulon furent les seules villes qui eurent une garnison. L'armée impériale se promena plusieurs mois dans le désert de la Provence; nul abri, parfois point de vivres. Les maladies l'entamèrent et l'affaiblissaient; les paysans, restés çà et là, enlevaient les convois et massacraient les traînards. L'empereur espérait frapper quelque grand coup; mais Montmorency, malgré l'impatience de ses soldats, restait immobile en son camp. Bientôt l'armée de Charles-Quint ne fut plus en état de se mesurer avec celle de France; ses généraux l'en avertirent et le supplièrent de battre en retraite; il s'obstinait, mais quand le vieux Leyva, en mourant, le lui demanda, il ne résista plus. Il repassa les Alpes en fugitif, au péril même de sa vie, et il alla, selon l'expression du temps, « *enterrer en Espagne son honneur mort* » en Provence (1536).

Plus tard, à Nice et à Aigues-Mortes, des entrevues eurent lieu entre le pape, François Ier et Charles-Quint, qui aboutirent à une nouvelle trève. L'empereur en avait besoin, car ses peuples, opprimés par lui, se soulevaient. La révolte était partout, en Allemagne, dans les Pays-Bas, et la grande ville de Gand avait secoué le joug impérial et faisait appel aux provinces voisines. L'empereur devait, à tout prix, se rendre en ce pays pour chercher à étouffer la révolte ; mais la voie de mer était longue et peu sûre, il préféra la route de terre à travers la France. Sans doute, François Ier pouvait l'arrêter et le tenir prisonnier, mais Charles-Quint connaissait trop bien le caractère loyal du roi de France pour craindre un seul instant une telle aventure. Il vint, et fut reçu avec tous les honneurs dus à un souverain. Partout on lui donna des fêtes, on jeta l'or par les fenêtres pour qu'il lui fût fait un accueil digne de lui, et François Ier dans ses entretiens se montra plein d'abandon et d'amitié. L'idée de retenir son rival, que le hasard mettait entre ses mains, n'entra point dans son esprit, et si autour de lui on le lui conseillait, il n'écouta jamais ces conseils. Charles-Quint alla paisiblement soumettre les rebelles, puis, tranquille du côté de la France (1), il prépara une nouvelle expédition

(1) Consulter également, sur cette période intéressante de notre histoire nationale, FRANÇOIS Ier, par M. Raoul Postel (*Bibliothèque du jeune âge*, Degorce-Cadot).

contre les Barbaresques. Il voulait redorer son blason, rendre à ses armes leur ancien éclat, terni par l'échec de Provence, et paraître encore une fois le champion de la Chrétienté. Mais, retenu en Italie, il ne put être prêt qu'au mois de septembre 1541. Vainement Doria, le duc d'Albe, les marins, les capitaines les plus expérimentés supplièrent l'empereur de laisser passer l'hiver, si redoutable sur cette côte sans port. Charles, comme tous les enfants gâtés de la Fortune, en était venu à ce point où on ne supporte plus de contradiction de la part des hommes, ni d'obstacles de la part des choses. Contre l'avis de tous les marins, il décida l'expédition d'Alger, comme il avait en 1536 décidé sa fatale expédition en Provence.

Ce qui était prévu arriva ; une tempête rendit le débarquement difficile, puis, quand on fut près d'assiéger Alger, un ouragan emporta les tentes, les soldats passèrent toute la nuit, les pieds dans la boue, sous une pluie glacée. L'empereur lui-même, pâle, tremblant de froid et de fièvre, ses habits ruisselants d'eau, se montra plus grand dans cette infortune qu'il n'avait jamais été dans la prospérité. Il releva le courage des siens : « Quelle heure est-il? demanda-t-il, au plus fort de la tempête. — Onze heures et demie, lui répondit-on. — Courage mes amis, s'écriat-il ; à minuit, les moines et les nonnes de toute l'Espagne se lèvent pour prier ; ils vont nous recommander à Dieu. » Une attaque des Maures ajouta aux terreurs des soldats et accrut le désordre. L'empereur dut combattre de sa personne avec les braves chevaliers de Malte.

Quand vint le jour, quand la brume épaisse se fut dissipée, les Espagnols purent mesurer toute l'étendue du désastre qui les frappait. Cent cinquante bâtiments et quinze galères avaient été jetés à la mer ; l'artillerie, les munitions, les vivres étaient engloutis. Le vieux Doria, arrachant ses cheveux blancs de désespoir, se décide enfin avec ses navires désemparés à aller s'abriter derrière le cap Matifou et fit tenir à Charles-Quint cette lettre. « Mon cher empereur » et fils, disait le vieil amiral, l'amour que j'ai » pour vous m'oblige à vous dire que si vous ne » profitez, pour opérer votre retraite, de l'ins-» tant de calme que Dieu nous envoie, votre ar-» mée, exposée à la faim, à la soif et au fer de » l'ennemi, est perdue sans ressource. Vous êtes » mon maître, ordonnez, et je perdrai avec joie, » pour vous obéir, les restes d'une vie consacrée » à votre service. »

L'empereur ne pouvait se résoudre à battre en retraite vers le cap Matifou ; il se promena longtemps devant sa tente, la tête baissée, prononçant ces seuls mots : *Fiat voluntas tua, Domine,* Puis, enfin, il donna l'ordre du départ ; on abandonna l'artillerie et les bagages pour emporter les blessés, et, après trois longs jours de marche dans la boue et à travers les rivières débordées, on arriva enfin au cap Matifou. Là se trouvaient les débris de la flotte ; les vaisseaux réparaient leurs avaries et l'armée se remit un peu. Charles eût voulu de nouveau marcher sur Alger ; c'eût été pure folie, on n'avait plus ni artillerie, ni munitions, ni vivres, il fallut partir. Charles-Quint s'éloigna de cette terre, la rage au cœur, s'en prenant aux éléments et à la Fortune, tandis qu'il n'eût dû s'en prendre qu'à lui-même.

CHAPITRE III

Lutte contre les Protestants et contre Henri II. Siège de
Metz.

En Allemagne, l'empereur parut un instant
tout-puissant; les protestants, qui s'étaient ré-
voltés contre lui, avaient été battus à Muhlberg,
et dans les diverses diètes de l'empire les princes
courbaient la tête. L'ambitieux Maurice de Saxe
avait lui-même abandonné la Réforme et s'était
fait général de l'empereur. C'était un profond
politique, ne laissant pénétrer aucun de ses pro-
jets, capable de tout oser et de mener tout à
bien. Il capta la confiance de Charles-Quint, au
point que celui-ci ne voyait plus que par ses
yeux. Dans l'ombre, le prince ourdissait une
trame et, malgré sa vigilante diplomatie, le souverain n'en savait rien. Tandis qu'il croyait Maurice bien loin et malade, celui-ci se mettait à

la tête d'une armée en Thuringe et marchait sur Insprück, où était l'empereur, défendu à peine par une garde peu nombreuse. Ce dernier, à cette nouvelle, s'enfuit à travers les monts, accompagné seulement de quelques serviteurs fidèles. La neige était tombée en abondance, l'empereur dut passer la nuit dans une pauvre cabane où on trouva à peine de quoi faire un peu de feu. Mourant de fièvre et fugitif, il arriva dans les États de son frère Ferdinand d'Autriche ayant, grâce à une avance de quelques heures, échappé à l'ardente poursuite de ses ennemis. Mais il dut peu après signer le traité de Passau; l'Allemagne, qu'il avait voulu unie, se morcellait, et le protestantisme, qu'il avait voulu abattre, restait debout, presque victorieux.

Charles, vaincu en Allemagne sur le terrain de la religion, voulut prendre sa revanche en France; la perte des Trois-Évêchés, Metz, Toul et Verdun, lui était comme une plaie encore saignante. Par toute l'Allemagne ses agents achetèrent des reîtres et des lansquenets; un grand nombre de petits princes de l'empire, ambitieux et cupides, vinrent lui offrir leurs services. Bientôt il eut sous la main une forte armée de soixante mille hommes, nourris depuis longtemps dans des guerres sans cesse renaissantes, commandés par d'habiles capitaines. Elle devait, disait-on, marcher contre les Turcs.

Mais nul ne se trompait sur les vrais sentiments de l'empereur, et la France était prête à le recevoir.

Metz, la grande cité qui protège les Vosges, avait été mise en état de défense. On avait en hâte réparé ses murs en ruine; le duc de Guise et les nobles avaient eux-mêmes porté des hottes pleines de terre, pour animer les soldats par l'exemple. Les habitants, tous Français de cœur, avaient aidé à démolir les faubourgs, sorte de seconde ville qui aurait pu fournir un abri à l'ennemi. Enfin, Guise avait fait sortir toutes les bouches inutiles, ne gardant que les hommes valides pour réparer les brèches, et, avec dix mille soldats d'élite, il attendait fièrement l'armée impériale.

Elle passa le Rhin à Strasbourg, puis vint camper devant la ville, le 19 octobre 1552, pleine de confiance; l'empereur, retenu par la goutte, était à Thionville. L'artillerie des Allemands n'avait pas tardé à ouvrir des brèches; mais derrière les murs écroulés, d'autres se dressaient comme par miracle. Des sorties continuelles ne laissaient aux assiégeants aucun repos ni la nuit, ni le jour; ils commençaient même à manquer de vivres, et l'hiver, qui s'annonçait très rude, ajoutait à leurs misères. Charles vint, le 20 novembre, pour presser l'assaut; il fut effrayé de l'état de son armée, mais il était tenace ; il dit hautement : « J'userai trois armées s'il le faut, avant de lever le siège. » L'artillerie redoubla d'efforts et fit de plus larges brèches ; mais la garnison, derrière les murs en ruines, fit si bonne contenance que les Impériaux n'osèrent tenter l'assaut. Charles accusait ses soldats de le trahir.

Au 1er janvier, quinze mille coups de canon avaient été tirés sans résultat ; trente mille des assiégeants étaient morts de froid, de misère, de maladie. Charles-Quint, la mort dans le cœur, dut reculer devant l'impossible et, triste début d'année, donna l'ordre de la retraite. Les Français, cependant, ne restaient pas oisifs ; Guise avait aussitôt fait ouvrir les portes, et la cavalerie, lancée sur les fuyards, en fit un grand massacre. Le spectacle du camp abandonné saisit de pitié les vainqueurs eux-mêmes. Voici ce que dit un témoin oculaire : « Nous séjournâmes en
» la ville, où notre liesse eût été au comble,
» sans les grandes pitiés que nous vîmes au
» camp du duc d'Albe, si hideuses qu'il n'y ait
» cœur qui ne crevât de douleur ; car nous trou-
» vions des soldats par grands troupeaux, ma-
» lades à la mort et renversés dans la boue ; les
» autres assis sur de grosses pierres, ayant les
» jambes dans les fanges, gelés jusqu'aux ge-
» noux et qu'ils ne pouvaient ravoir, criant mi-
» séricorde et nous priant de les achever. En

» quoi M. de Guise exerça grande charité, car
» il en fit porter plus de soixante à l'hôpital ; et
» à son exemple les princes et seigneurs firent
» de même, si bien qu'il en fut tiré plus de trois
» cents de la misère ; mais à la plupart il fallut
» couper les jambes, car elles étaient mortes et
» gelées(1). » Un autre témoin oculaire ajoute ces
détails navrants : « Sitôt qu'il fut su par le camp
» que le César était parti, les chemins et villages
» alentour furent couverts de ses soldats, qui
» se retiraient où ils pouvaient en si grande
» indigence et misère que les bêtes, voire les
» plus cruelles, auraient eu pitié de ces misé-
» rables chancelants, tombant par les chemins,
» et le plus souvent mourant près des haies, en
» proie aux chiens et oiseaux (2). »

Le vieil empereur voulut en vain relever l'é-
clat de ses armées ; la campagne de 1553, mar-
quée par le combat de Renty, ne lui donna
qu'une insignifiante revanche ; en Italie, ses soldats ne furent pas beaucoup plus heureux.
Paul IV, son ennemi personnel, vient de monter
sur le trône de saint Pierre et va s'allier au roi
de France. Puis, les luthériens, qu'il abhorre, lui
dictent presque la loi à Augsbourg. La Réforme
cessait d'être une hérésie et une révolte ; elle

(1) Vielleville : *Mémoires*, liv. V.
(2) Fr. de Rabutin : *Mémoires*, liv. IV.

devenait une religion reconnue et un pouvoir légal qui avaient voix dans la diète de l'empire. Enfin, l'Allemagne se morcelait, alors que Charles-Quint avait rêvé un pouvoir fort et concentré.

CHAPITRE IV

Abdication de Charles-Quint. — Sa vie au monastère de
Saint-Yuste. — Sa mort.

Ainsi, le jour des revers était venu ; Charles-
Quint comprit que sa carrière était finie et que
le cours de ses desseins était arrêté. Il était las
et découragé ; il disait, faisant allusion à ses derniers revers : « La Fortune est femme, elle n'aime
» pas les vieillards. » Avec l'âge étaient venues
aussi les infirmités ; à peine pouvait-il se tenir à
cheval ou marcher ; le moindre froid le rendait
malade et tremblant ; il pouvait à peine suppor-
ter quelque nourriture, et il fallait que ses cuisi-
niers s'ingéniassent à lui faire des mets forte-
ment épicés. Il comprit qu'il ne pourrait plus
commander les armées ni veiller lui-même à
l'exécution de ses grandes entreprises ; il sentit
que l'heure du repos avait sonné pour lui.

Maintes fois, déjà, il avait songé à abdiquer ;

il avait eu, dans sa vie agitée, bien des moments de défaillance et d'accablement. Lorsqu'il était frappé de quelque infortune, à la veille ou au lendemain de ses expéditions, il avait coutume de passer quelques jours dans un monastère; là, seul dans la méditation et la prière, il reprenait ordinairement quelques forces. Cette fois, il n'en fut pas ainsi; ses insuccès récents réveillaient en son cœur les infortunes passées, et les anciennes blessures saignaient de nouveau. Son parti était pris; il apprit à son fils les secrets du gouvernement des hommes, il prépara l'opinion publique à son abdication, et enfin, solennellement, il se retira.

C'était le 25 octobre: dans la vaste salle du Palais de Bruxelles étaient réunis les États-Généraux des 17 provinces, les membres du Conseil d'État, du Conseil privé, du Conseil des finances, les chevaliers de la Toison d'Or, les grands de sa Cour, les ambassadeurs étrangers; une foule énorme d'habitants de la cité était massée près des portes, attentive et silencieuse. Vêtu de deuil, portant le collier de la Toison d'Or, le vieil empereur s'avança avec peine, appuyé d'une main sur un bâton, de l'autre sur l'épaule de Guillaume de Nassau, prince d'Orange. Près de lui étaient son fils, Philippe, ses sœurs, les reines de Hongrie et de France, ses neveux, l'archiduc Ferdinand d'Autriche et le duc Philibert-Emmanuel de Savoie, sa nièce Christine, etc.

Après que Charles-Quint se fut assis sous le dais de Bourgogne, ayant à sa droite son fils, à sa gauche sa sœur, la Gouvernante Marie, et autour de lui le reste de sa famille, Philibert de Bruxelles, membre du Conseil privé, prit la parole par ses ordres et fit connaître son irrévocable résolution. Il puisa surtout dans les fatigues et infirmités de l'empereur les raisons qui l'obligeaient à abandonner le gouvernement de ses États. Quoique tout le monde s'attendît à cette abdication, son annonce pénétra l'assemblée d'une très vive émotion.

L'empereur, se levant alors et s'appuyant sur l'épaule du prince d'Orange, prit la parole. Il raconta brièvement sa vie, et ses guerres, et ses entreprises, et les agitations de son existence. Il dit qu'il était allé neuf fois en Allemagne, six fois en Espagne, sept fois en Italie, qu'il était venu dix fois en Flandre, qu'il était entré quatre fois en France, qu'il avait passé deux fois en Angleterre et deux autres fois en Afrique, et que, pour accomplir ces voyages et ces expéditions au nombre desquels il ne comptait pas les courses de peu d'importance, il avait traversé huit fois la Méditerranée et trois fois l'Océan. Il leur demanda d'être pour son fils aussi dévoués qu'ils avaient été pour lui; puis, se tournant vers son fils, il lui recommanda d'une voix émue de défendre la foi de ses ancêtres et de régir ses sujets en paix et en justice. Il ajouta : « Quant » à la manière dont je vous ai gouverné, j'a- » voue m'être trompé plus d'une fois, égaré par » l'inexpérience de la jeunesse, par les pré- » somptions de l'âge viril ou par quelque autre » vice de la faiblesse humaine. J'ose cependant » affirmer que jamais, de ma connaissance et » avec mon assentiment, il n'a été fait tort ou » violence à aucun de mes sujets. Si donc quel- » qu'un peut justement se plaindre d'en avoir » souffert, j'atteste que c'est à mon insu et » malgré moi ; je déclare devant tout le monde » que je le regrette du fond du cœur, et je sup- » plie les présents ainsi que les absents de vou- » loir bien me le pardonner. »

Alors, ne pouvant plus se soutenir, la voix brisée, le visage pâle, il se laissa tomber sur son siège. Dans la salle, tout le monde pleurait : « Son discours, dit Pontus Henterus qui l'en- » tendit, remua l'âme de tout le monde ; le plus » grand nombre pleurait, quelques-uns sanglo- » taient ; l'émotion gagna l'empereur et la » reine Marie, et moi j'avais le visage inondé de » larmes ».

Philippe promit de se conformer aux inten-tions de son père ; puis, la reine Marie se démit de ses fonctions de Gouvernante des Pays-Bas,

qu'elle avait si bien remplies **vingt-quatre an-**
nées durant, et l'acte de cession des Pays-Bas
et de la Franche-Comté fut notifié aux dix-sept
provinces. Avec des formalités à peu près sem-
blables, Charles-Quint se démit de ses divers
royaumes. Le 16 janvier, il céda à Philippe, qui
les reçut à genoux, les couronnes de Castille,
d'Aragon, de Sicile et toutes leurs dépendances.
Trois mois plus tard, il put enfin se démettre du
titre d'empereur, qu'il fit donner à son frère
chéri, Ferdinand. Ainsi, il se *desnua de tout*,
comme il dit lui-même, et de son immense
empire fit deux parts : l'Espagne, avec ses
riches possessions du Nouveau-Monde et les
fertiles Pays-Bas, est donnée à son fils Philippe ;
Ferdinand, son frère, hérite d'un titre fastueux,
mais qui ne sera bientôt plus qu'un vain nom.

Pendant ces délais, Charles-Quint était
demeuré à Bruxelles, retiré dans une petite
maison de modeste apparence. Adonné surtout
aux exercices de piété, il n'en dirigeait pas
moins par ses conseils toute une moitié du
monde ; en même temps, il choisissait avec
soin les personnes qui le devaient suivre en
sa retraite au monastère de Yuste. Un entre
tous lui était précieux, le colonel Luis Mendès
Quijada, héroïque soldat qui fut à la tête des
cent cinquante serviteurs que Charles-Quint
gardait avec lui. Citons encore son secrétaire

Martin de Gaztelu et le fameux mécanicien cré-
monais Torriano (en espagnol Juanello), qui
fit des horloges pour l'empereur retiré.

Les vents étaient contraires, le voyage fut
long ; puis, en Espagne, il y eut de nouveaux
retards, et l'année entière s'écoula. L'empereur,
en attendant, vivait retiré au château de Jaran-
dillo en Estramadure, pays âpre, d'aspect sau-
vage ; là, il recevait la visite des plus grands
personnages, là affluaient les présents de toute
l'Espagne ; c'étaient, le plus souvent, des provi-
sions de choses qu'on savait aimées de Charles-
Quint, du poisson, des olives, des aliments.
Enfin, le 3 février 1557, tout était prêt pour le
recevoir au monastère, et il s'y fit monter en
litière par des chemins difficiles ; une longue
file de serviteurs le suivait. « Au moment où le
» cortège se mit en marche, les hallebardiers
» qui avaient formé sa garde jetèrent leurs
» hallebardes à terre, comme si les armes em-
» ployées au service d'un aussi grand empereur
» ne devaient plus être d'aucun autre usage. Le
» cortège traversa silencieusement le fond de la
» vallée et gravit lentement les flancs de la mon-
» tagne sur laquelle s'élevait le monastère. L'em-
» pereur arriva à 5 heures du soir à Yuste.
» Avertis de sa venue, les religieux l'attendaient
» à l'église, qu'ils avaient illuminée et dont les
» cloches sonnaient à toute volée en signe

» d'allégresse. Ils allèrent au-devant de l'empe-
» reur, la croix en tête, et le reçurent en chan-
» tant le *Te Deum*. Ils étaient transportés de
» joie, dit un témoin, de voir ce à quoi ils n'au-
» raient jamais cru. » (Mignet, *op. cit.*, p. 197.)

Au moment où il abandonnait ainsi la scène politique, la renommée du grand empereur s'était notablement affaiblie. *On jeta,* selon sa propre expression, *les événements de son règne à la fortune.* On attribua à celle-ci, non à ses talents, ses premières prospérités et son ancienne grandeur. Un politique italien exprime parfaitement l'opinion des contemporains devenus sévères envers Charles-Quint. « Il y a six
» ans, Sa Majesté Impériale était affermie dans
» cette grande réputation qu'aucun autre em-
» pereur, non seulement de notre âge, mais
» depuis bien et bien des siècles, n'avait eue
» parmi les princes du monde et vis-à-vis de ses
» ennemis déclarés ou couverts, soit chrétiens,
» soit infidèles, à cause de tant et de si glorieuses
» victoires qu'il avait remportées : en Afrique,
» sur le roi de Tunis ; en Allemagne, sur l'élec-
» teur Jean-Frédéric de Saxe, le landgrave de
» Hesse, les villes libres et le duc de Clèves ;
» dans ses guerres avec la France, dont il avait
» fait le roi prisonnier ; en Italie, sur le pape
» Clément, sur Gênes, Florence et Milan. Mais
» la fuite d'Insprück et la mauvaise issue de

» l'entreprise de Metz ont traversé le cours de
» cette gloire. Le souvenir ranimé d'autres
» désastres, comme ceux de la retraite de Pro-
» vence, de l'expédition d'Alger, de l'attaque de
» Castelnuovo, la trêve désavantageuse conclue
» avec le roi très chrétien, la renonciation à ses
» États, son séjour dans un monastère lui ont
» fait perdre quasi toute sa réputation. Je dis
» quasi, car il lui en reste autant qu'il reste
» d'impulsion à un navire qui, poussé par les
» rames et le vent, fait encore un peu de che-
» min lorsque les rames s'arrêtent et que le
» vent tombe. Tous en concluent que le souffle
» favorable de la fortune a guidé l'immense na-
» vire des États, des royaumes, de l'empire de
» Sa Majesté (1). »

Les historiens (2) se sont plu à peindre des plus
fortes couleurs le contraste entre la puissance de
Charles-Quint sur le trône et son humilité dans
le cloître ; ils nous l'ont montré dans une humble
retraite, à peine suffisante pour loger un simple
particulier ; ils en ont fait un moine vivant dans
une sorte de cellule ; tout cela, sans doute, est

(1) Relation de *Frédéric Badoaro* (1558), cité d'après le
manuscrit par M. Mignet, dans son bel ouvrage : Charles-
Quint, son abdication, son séjour et sa mort au monastère de Yuste. — Paris, 8ᵉ édition, p. 128.

(2) Surtout *Sandoval* : Vida del emperador Carlos V en
Yuste, et *Robertson* : Histoire de Charles-Quint.

fort saisissant et dramatique, mais tout cela tient du roman, et les érudits de notre temps en ont fait justice.

Les appartements réservés à l'empereur étaient tout à fait séparés du cloître et avaient une belle vue au midi sur les sierras d'alentour; ils se composaient de huit grandes pièces, ornées de tous les meubles, de toutes les choses agréables ou commodes que les princes de ce temps aimaient à avoir; elles étaient tendues de drap fin, pleines de fauteuils, d'objets d'art, de tableaux. Le souverain qui avait pour le Titien une admiration profonde et qui avait un jour ramassé le pinceau échappé des mains du peintre en disant : «le Titien mérite d'être servi par un empereur, » s'était entouré d'un grand nombre de toiles de ce maître; les unes représentaient les portraits des membres de sa famille, les autres des scènes religieuses. Il y avait une bibliothèque, peu nombreuse, mais bien composée. Une cinquantaine de personnes environ étaient attachées au service du royal cénobite, et rien ne pouvait manquer à sa tranquillité et à son bien-être.

Ses journées s'écoulaient assez rapidement au milieu d'occupations diverses ; il entendait d'abord plusieurs messes, et on avait fait venir pour lui les meilleurs chantres et les plus éloquents prédicateurs de l'Espagne ; puis, il travaillait un peu avec Juanello et Jean Valin à de grandes horloges ou à des petites (montres); il vivait peu avec les moines, et ceux-ci ne pouvaient s'empêcher de trembler devant lui. Derrière le pénitent, vêtu de deuil, ils voyaient toujours le redoutable empereur.

Empereur, il l'était presque encore, et le gouvernement des hommes occupait toujours sa pensée. Quelques historiens ont cru qu'il était pour le monde mort le jour où il entra au couvent; ils ont dit que Philippe II, heureux d'être au pouvoir, avait délaissé son père, sans demander son avis sur mille choses : c'est là encore une pure légende. Dans son couvent d'Estramadure, Charles-Quint recevait les grands personnages d'Espagne et les ambassadeurs des souverains étrangers ; de là il dirigeait la politique; il gouvernait toujours. L'habitude du commandement survivait chez lui à sa renonciation. Désintéressé pour lui-même, il devenait ambitieux pour son fils; il se prononçait en 1557 contre le pape Paul IV et poussait à la guerre; il conseillait à Philippe II de poursuivre Henri II avec la même ardeur qu'il avait mise lui-même à combattre François Ier; il voulait toujours défendre les doctrines catholiques des atteintes protestantes, et songeait sans cesse à garantir les pays chrétiens des dévastations de ces Turcs, qu'il avait combattus en Allemagne et vaincus en Afrique.

On a dit que l'empereur, au séjour de San Yuste, avait eu bien des heures de noire mélancolie ; son esprit serait devenu sombre et obsédé d'idées funèbres ; même il aurait voulu assister vivant à ses funérailles. Il se mit dans un cercueil, qu'on porta dans l'église tendue de deuil, et on dit sur lui les prières pour les morts. Sa raison s'égara ; il sortit de sa tombe pâle, grelottant la fièvre, et quinze jours plus tard il mourut. C'est là encore une de ces légendes qui encombrent l'histoire des dernières années de Charles-Quint. La critique moderne a prouvé l'invraisemblance d'un tel fait, que ne mentionne aucun des serviteurs du royal cénobite (1).

Ce qui est plus vrai, c'est que Charles-Quint se plaisait beaucoup dans sa nouvelle résidence ; il n'avait plus les soucis et les fatigues du pouvoir ; il jouissait du repos du corps, du calme de l'esprit, et il pouvait exercer librement sa ferveur religieuse. Sa santé s'améliorait ; il pouvait se promener dans les beaux jardins, plantés d'arbres, d'arbustes, et de fleurs odorantes ; il s'adonnait à son goût pour les arts manuels. Mais la vie en lui touchait à son terme ; il s'éteignit doucement, causant avec ses serviteurs de ses prospérités et de ses infortunes passées, ayant avec les moines

____

(1) V. Mignet, *Charles-Quint, son abdication*, etc., p. 8, 9 et 10 de la préface et 403 et sqq.

de pieux entretiens. Il resta, jusqu'à la dernière heure, maître de sa pensée; il sentit la mort venir, sans témoigner de crainte ni d'effroi; il fut fervent, et édifia son entourage par son calme et sa vertu. Le mercredi 21 septembre 1558, il n'était plus.

On lui fit des funérailles comme il convenait à un aussi grand prince, et son corps fut déposé dans la chapelle du monastère. Plus tard, on le transporta au palais de l'*Escurial*, que Philippe II fit construire pour être sa résidence et la sépulture commune de sa famille.

CHAPITRE V

Opinion d'un paysan espagnol sur Charles-Quint. —
Appréciation du caractère de ce prince.

L'opinion qu'on avait en Espagne sur l'administration de Charles-Quint nous est bien mar-
quée par l'anecdote suivante, que nous rapporte
Sandoval : « L'empereur, un jour, à la chasse
près de Madrid, se sépara de son cortège et s'a-
charna tellement à la poursuite d'un cerf qu'il
finit par le tuer. Un vieux paysan passait sur la
grande route avec son âne chargé de bois.
Charles lui propose de jeter bas le bois et de
charger le cerf sur l'âne jusqu'à la ville, en offrant de payer plus que le bois ne valait. « Vous
me la baillez belle ! dit le paysan, ne se doutant
guère à qui il avait affaire ; ne voyez-vous pas
que le cerf à lui seul pèse autant que l'âne et le
bois tout ensemble ? Vous auriez plus tôt fait,
vous qui êtes jeune et alerte, de le charger sur

vos épaules. » L'air dégagé du rustaud plut au roi, qui se mit à causer avec lui, en attendant la chasse. « Combien de rois as-tu déjà connus? lui dit-il. — Ah! je suis bien vieux, reprit le paysan, car j'en ai connu cinq depuis le roi don Juan II, qui mourut avant que j'eusse la barbe au menton, jusqu'à ce Carlos qui règne aujourd'hui. — Et, dis-moi, mon brave homme, reprit l'empereur, selon toi, de tous ces rois quel a été le meilleur et quel le plus mauvais? — Oh! le meilleur, répliqua l'ancien, il n'y a pas à hésiter; c'est don Fernando, aussi l'a-t-on appelé le *Catholique*. Quant au plus mauvais, tout ce que je peux dire, c'est que celui que nous avons me semble assez mauvais comme cela; car il nous tient toujours en souci et il y est lui-même; il se promène sans cesse d'Italie en Allemagne et d'Allemagne en France, et emporte avec lui tout l'argent de l'Espagne. Enfin, au lieu de se contenter de ses revenus et des trésors des Indes, qui suffiraient à conquérir mille mondes, il met encore de nouveaux impôts sur les pauvres laboureurs comme nous ; il n'aura de repos qu'il ne nous ait ruinés. Plût à Dieu qu'il se contentât d'être roi d'Espagne! et il serait encore le souverain le plus puissant du monde. »

» Cette naïve expression des sentiments populaires ne déplut pas à Charles-Quint. Il continua à causer avec le paysan jusqu'à l'arrivée de son cortège et entendit en une demi-heure plus de bonnes et franches vérités qu'on n'en disait à sa cour en dix ans. Puis, quand les gentilshommes vinrent s'incliner devant le monarque, il reconnut, un peu tard, à qui il avait eu affaire. « Ainsi, c'est donc vous qui êtes le roi ! » s'écria-t-il d'un air de regret. Et comme Charles le rassurait d'un air de bonté : « Ah ! pardieu, ajouta-t-il, si je l'avais su, j'en aurais dit bien d'autres. » Et l'empereur, cette fois, ne demanda pas son reste. »

Ce récit, qui n'a point la gravité de l'histoire, peint vivement la situation de l'Espagne, et même de l'empire tout entier. La guerre sans relâche que Charles-Quint faisait tantôt sur un point, tantôt sur un autre, épuisait toutes les ressources de ses États. L'or de l'Amérique, les impôts de la Péninsule, le commerce des Pays-Bas, tout va s'engloutir dans le trésor de l'empereur, comme dans un gouffre sans fond. La moitié de l'Europe se ruine et s'épuise pour l'aider à asservir l'autre. Et quel fut le résultat de tant de dépenses et de tant d'efforts ? Après vingt ans de lutte, le rêve de dictature européenne n'est pas plus près de se réaliser qu'au premier jour.

En administration, Charles-Quint ne fut pas beaucoup plus heureux ; il n'a rien fondé ; nulle réforme ne s'attache à son nom ; il se contenta de pressurer ses peuples pour leur faire produire beaucoup d'argent, et il ne s'occupa point de développer leurs ressources. Il songeait à peine à cet immense empire qu'il pouvait fonder en Amérique ; il ne s'occupa ni des conquêtes, ni des tentatives de colonisation faites par delà les mers. Quand Cortès lui eut donné les riches États du Mexique, il se montra froid envers lui, comme Fernand, son grand-père, s'était montré froid envers Christophe Colomb. Même l'héroïque conquérant devait mourir, comme l'illustre navigateur, dans la disgrâce et dans la pauvreté.

Les résultats religieux rêvés par Charles-Quint ne furent pas, non plus, très grands. Une moitié de cette Allemagne, où il avait prétendu écraser la Réforme, était protestante lorsqu'il mourut. L'Espagne même était atteinte par les doctrines nouvelles et fut couverte de bûchers. Les Maurisques (1), expulsés ou traqués dans les montagnes, quittèrent l'Espagne, emportant avec eux une bonne part de la prospérité de la Péninsule. La province d'Andalousie fut notablement appauvrie, et celle de Murcie fut ruinée.

Malgré ces revers et ces fautes, Charles-Quint est grand par certains côtés de son caractère et

______

(1) C'est-à-dire les Maures d'Espagne.

de son esprit. Il voit juste et il voit de loin ; dans ses desseins est une merveilleuse unité, et une suite que n'eut peut-être aucun autre souverain; dans l'exécution, il montre une habileté consommée, soit qu'il gagne des batailles par ses généraux ou par lui-même, soit qu'il ait recours à la diplomatie. Là surtout était sa force ; il s'était formé à l'école des Italiens et était passé maître en cette science de fourberies ; tout servait à l'accomplissement de ses desseins. Sa famille, qu'il aime d'ailleurs d'une affection si vraie, n'est qu'un instrument entre ses mains ; sa foi même, que personne ne peut révoquer en doute, reste pendant trente années asservie à sa politique, et ce n'est que sur son lit de mort que le politique s'efface devant le chrétien.

Charles-Quint est donc un grand homme d'État à qui il n'a manqué, pour être parfait en ce genre, que de savoir se faire aimer ; il lui a manqué ces dehors brillants et affables, cette clémence, cette libéralité qui rendirent François Ier populaire, malgré ses erreurs et ses fautes. L'Espagne, qu'il laissa affaiblie et ruinée à jamais, ne lui pardonna point sa fierté, son orgueil, sa petite mine, ses froids calculs ; il fut toujours pour elle un souverain étranger, qui avait préparé le déclin de la catholique nation.

TABLE DES MATIÈRES

10337 — Tours. Imprimerie Rouillé-Ladevèze, rue Chaude, 6.

J.-ÉDOUARD GUÉTAT

HISTOIRE

ÉLÉMENTAIRE

DU

DROIT FRANÇAIS

PRIX : 10 FRANCS

PARIS

L. LAROSE ET FORCEL

9 782019 230067